Artistes | numéro **28**

WILLIAM TURNER,
LE PEINTRE DE LA LUMIÈRE

Le sublime au cœur du romantisme

par Delphine Gervais de Lafond

50MINUTES

Avec la collaboration de Corinne Durand

WILLIAM TURNER

- **Nom ?** Joseph Mallord William Turner.
- **Naissance ?** Né le 23 avril 1775 à Londres.
- **Mort ?** Décédé le 19 décembre 1851 dans la même ville.
- **Contexte ?** Le paysagisme anglais du XIXe siècle.
- **Œuvres majeures ?**
  - *Tempête de neige : Hannibal et son armée traversant les Alpes* (1812)
  - *Didon construisant Carthage* (1815)
  - *L'Incendie de la Chambre des Lords et des Communes, le 16 octobre 1834* (1835)
  - *Tempête de neige* (1842)
  - *Pluie, vapeur et vitesse – Le Great Western Railway* (1844)
  - *À l'approche de Venise* (1844)

Excentrique, solitaire et jovial, William Turner est le plus célèbre, mais aussi le plus mystérieux des peintres britanniques. Contrairement à sa carrière d'artiste, qu'il dévoile facilement, sa vie personnelle est parsemée de secrets. Destiné à une carrière d'architecte, ce dessinateur topographe de formation devient rapidement un peintre talentueux, maîtrisant aussi bien l'aquarelle que l'huile. Voyageur insatiable, il ramène toujours une grande quantité de croquis de ses séjours en Europe.

Sa passion pour le paysage le pousse à bouleverser les codes picturaux pour élever ce genre mineur au même niveau que la peinture d'histoire. Turner peint d'une manière très novatrice pour l'époque, en appliquant des petites touches épaisses qui laissent entrevoir la matière. L'incroyable luminosité dans laquelle il enveloppe ses paysages emplis de poésie lui vaut le surnom de « peintre de la lumière ». Aussi l'artiste est-il souvent considéré comme un précurseur de l'impressionnisme, un mouvement pictural français qui se développe dans la seconde moitié du XIXe siècle et qui fait de la lumière un de ses sujets de prédilection.

Critiqué de son vivant pour son illisibilité et son utilisation subjective de la couleur, il est toutefois soutenu par le critique John Ruskin (1819-1900), qui voit en lui le plus grand peintre de son temps. Ambassadeur de la modernité depuis la fin du XIXe siècle, Turner a inspiré de nombreux artistes jusqu'à nos jours, et son immense talent lui confère une place particulière dans le cœur des Anglais.

LONDRES AU XIXe SIÈCLE

L'Angleterre compte parmi les premiers pays à entrer dans l'ère industrielle à la fin du XVIIIe siècle. Berceau de la révolution industrielle, qui marque le passage d'une société agraire vers une société urbaine industrialisée, sa suprématie financière domine l'Europe durant toute la première moitié du XIXe siècle. Londres devient rapidement une métropole moderne : l'agriculture est délaissée au profit de l'industrie (charbon, textile, métallurgie) et le transport, en particulier, bénéficie d'importantes avancées qui permettent l'éclosion du tourisme.

Inventée en 1712, la machine à vapeur à usage industriel sert à faire fonctionner des bateaux, puis des locomotives. Les années 1820 sont marquées en Angleterre par le début de la *railway mania*, une expression désignant le développement intense des chemins de fer. La première ligne ferroviaire utilisant des locomotives à vapeur pour le transport de voyageurs est mise en service en 1825. En 1833, la Great Western Railway relie Londres à l'Ouest du pays. Plusieurs lignes sont ainsi créées à travers toute l'Angleterre, si bien qu'en 1840, le réseau ferroviaire britannique s'étend sur 3 000 km.

Déjà au XVIIIe siècle, les Anglais avaient pris goût au voyage. Le « Grand Tour », périple initiatique réservé à l'aristocratie, prévoyait des escales en France, en Italie, en Suisse et en Allemagne. Mais les guerres napoléoniennes (1803-1815), qui opposent la France à l'Angleterre, empêchent les déplacements sur le continent. La paix retrouvée, les touristes anglais affluent en France et en Italie, ce qui permet la création d'un nouveau marché (guides touristiques, voyages organisés, développement de l'hôtellerie, etc.)

ROYAL ACADEMY *VERSUS* BRITISH INSTITUTION

Fondée en 1768, la Royal Academy of Arts est la plus ancienne institution britannique consacrée aux arts. Chaque artiste digne de ce nom se doit d'effectuer sa formation au sein de cette célèbre académie. Une fois accepté par le directeur, il suit un enseignement au cours duquel il apprend à copier les maîtres anciens, en particulier les chefs-d'œuvre de l'Antiquité, et travaille d'après des modèles vivants. Organisée tous les étés, la Summer Exhibition, l'exposition annuelle de la Royal Academy, présente au public les œuvres des meilleurs artistes anglais. La valeur d'un tableau y est appréciée selon son rang dans la hiérarchie des genres – classification picturale instaurée en France au XVIIe siècle et ayant pour but de ranger les genres picturaux du plus noble au moins noble, la peinture d'histoire occupant le sommet de la hiérarchie. La participation à cet événement majeur de la vie artistique londonienne est un moment important dans la vie d'un peintre. Ce dernier peut ainsi espérer accéder à la notoriété et vendre ses œuvres, voire obtenir des commandes privées.

Mais en 1805, suite à la création de la British Institution, une société fondée par des amateurs d'art, la Royal Academy perd le monopole des expositions : les artistes peuvent désormais choisir d'exposer leurs peintures dans un autre lieu. Pour se différencier de sa concurrente, cette nouvelle institution organise pour la première fois au monde des expositions temporaires consacrées à l'art ancien. Une exposition d'artistes vivants est également mise en place chaque printemps, sur le modèle de celle de la Royal Academy. Il s'agit là d'une aubaine pour les peintres : en participant aux expositions de la British Institution et de la Royal Academy, ils ont deux fois plus de chance de se faire connaître.

LE ROMANTISME ANGLAIS ET LA QUESTION DU SUBLIME

L'art de Turner est indissociable de deux notions fondamentales de l'histoire de l'art anglais du XIXe siècle : le romantisme et la question du sublime. Le romantisme est un mouvement artistique qui se développe à la fin du XVIIIe siècle en Allemagne et en Angleterre. Contre le rationalisme des Lumières, il prône la mise en avant de la subjectivité et l'exaltation des sentiments. L'artiste romantique est centré sur lui-même, sensible, tourmenté, en proie au doute et à la mélancolie.

En Angleterre, le romantisme est fortement associé à la représentation du paysage et à la célébration de la nature. Il est par ailleurs influencé par les théories esthétiques d'Edmond Burke (1729-1797) sur le sublime (*Recherche philosophique sur l'origine de nos idées du sublime et du beau*, 1757). Pour ce dernier, le sublime dépasse le beau et constitue la plus forte émotion que l'on puisse ressentir. Synonyme d'inaccessibilité et de grandiose, le sublime prend sa source dans la crainte et la fascination de l'homme face à la nature.

En peinture, le romantisme s'oppose radicalement au classicisme. Les artistes romantiques délaissent les sujets historiques ou religieux pour s'intéresser à l'aspect poétique ou symbolique des choses. La nature est dépeinte comme une force destructrice qui impressionne et déstabilise. Les peintres privilégient alors les thèmes qui soulignent l'impuissance de l'homme face à son milieu : catastrophes naturelles, tempêtes, naufrages ou encore éruptions volcaniques. Le paysage n'est plus relégué à l'arrière-plan, mais devient l'acteur principal du tableau. Si Turner ne se décrit pas comme un romantique à proprement parler, il partage néanmoins de nombreux points communs avec cette sensibilité artistique, notamment à travers sa façon de peindre avec lyrisme des paysages tourmentés où l'homme se retrouve piégé dans des mises en scène apocalyptiques.

BIOGRAPHIE

DES DÉBUTS MYSTÉRIEUX

Le plus grand artiste anglais est aussi celui dont on connaît le moins la vie. Baptisé le 14 mai 1775, la véritable date de naissance de William Turner est aujourd'hui encore inconnue. Le peintre, qui cultivera l'art du secret tout au long de sa vie, disait être né le 23 avril 1775.

Ses premières années sont, quant à elles, bien renseignées. Turner grandit dans le quartier de Covent Garden, à Londres, élevé par son père, William Turner (1745-1829), perruquier et barbier. Sa mère, Mary Marshall (1739-1804), psychologiquement instable, sombre dans la démence à la mort prématurée de sa fille Mary Ann, décédée à l'âge de quatre ans. Dévastée, elle est internée quelque temps après dans un hôpital psychiatrique, où elle finira sa vie. Pour protéger son fils de ce climat tendu, son père le place chez son oncle maternel à Brentford, une petite ville à l'ouest de la capitale. C'est là que le jeune Turner développe ses talents artistiques, encouragé par son père qui expose fièrement ses premiers dessins dans sa boutique. Il entame ensuite son apprentissage auprès d'architectes et de dessinateurs topographes, dont Thomas Malton (1748-1804), son premier maître. Ses premiers travaux sont des études architecturales et des exercices de perspective.

En 1789, âgé de seulement 14 ans, Turner s'inscrit à la prestigieuse Royal Academy of Arts. Bien que destiné à une carrière dans l'architecture, on lui conseille de s'essayer à la peinture et il commence par l'aquarelle. Preuve de son talent précoce, l'une de ses toutes premières œuvres est acceptée à l'exposition d'été de la Royal Academy, quelques mois seulement après son arrivée dans l'institution.

UNE PERSONNALITÉ INTRIGANTE

Les années 1790 marquent un tournant dans la vie de Turner. Il effectue ses premiers voyages, se lie d'amitié avec d'autres peintres, améliore sa technique de l'aquarelle, s'ouvre à la peinture à l'huile et rencontre ses premiers mécènes. En 1804, il ouvre sa propre galerie, attenante à sa maison de Harley Street, afin d'exposer ses œuvres aux collectionneurs. Si Turner change plusieurs fois de résidence, il consacre toujours une partie de sa sphère privée à une galerie ouverte au public. Son père, qui vit à ses côtés jusqu'à sa mort en 1829, l'assiste dans son atelier. Nommé professeur de perspective à la Royal Academy en 1807, Turner y enseigne de 1811 à 1837.

L'intrigante personnalité de Turner est, tout au long de sa vie, l'objet d'attaques féroces. Turner est souvent décrit par ses pairs comme un homme solitaire, égoïste et avare, doublé d'un piètre orateur arrogant, aux manières rustres et grossières. Quand il le rencontre pour la première fois en 1840, le critique d'art John Ruskin est surpris de découvrir, derrière cet être certes quelque peu excentrique, un gentleman à l'esprit vif typiquement anglais, jovial et très intelligent (*The Works of John Ruskin*, Londres, George Allen, 1903-1912, volume 35, p. 305).

S'il est difficile de se faire une idée précise de sa personnalité, la vie amoureuse de l'artiste est, elle aussi, entourée de mystère. Turner ne s'est jamais marié, mais il a eu une aventure avec une veuve plus âgée que lui, Sarah Danby, et il serait peut-être le père de ses deux filles. En 1833, Turner fait la connaissance de Sophia Caroline Booth, une femme mariée de 23 ans sa cadette qui vit à Margate, une petite ville côtière de l'Est. Après la mort de son mari, quelques mois plus tard, Turner s'installe avec elle. En 1846, ils emménagent à Londres, où ils vivent ensemble jusqu'à la mort de l'artiste, en 1851.

UN VOYAGEUR INSATIABLE

Solitaire, Turner l'est dans son quotidien londonien, mais aussi au cours de ses nombreux voyages qui l'entraînent à travers toute l'Europe. Dès la fin des années 1790, l'artiste parcourt la campagne anglaise, galloise et écossaise, immortalisant les plus beaux sites britanniques, du château de Norham, à la frontière de l'Écosse, au château de Conwy, au Pays de Galles, en passant par le lac de Buttermere, au Nord-Ouest de l'Angleterre.

Son premier voyage en dehors de son île natale date de 1802 : l'artiste se rend en France, puis en Suisse, en passant par les Alpes. À Paris, il est ébloui par les riches collections du musée du Louvre. Il retournera ensuite en France plusieurs fois jusqu'en 1832. De 1819 à 1840, il effectue également trois séjours en Italie. Turner est conquis par Rome, mais surtout par Venise et les célèbres vues du peintre vénitien Canaletto (1697-1768). La Sérénissime lui fournit alors le sujet de nombreuses toiles. L'artiste est subjugué par la lumière du Sud qui danse à la surface de l'eau et vient caresser l'architecture de sa douce chaleur.

Turner aime préparer ses voyages : il lit les guides et se renseigne sur les principaux sites à visiter. En tout, entre 1802 et 1845, l'artiste n'effectue pas moins d'une vingtaine de séjours à l'étranger

(France, Suisse, Italie, Belgique, Allemagne, Luxembourg, Pays-Bas et Danemark), tous immortalisés dans ses carnets de notes et ses croquis.

L'ÉPOPÉE DU LEGS DE TURNER

En homme parfaitement organisé, Turner prend le temps d'organiser sa succession et nomme John Ruskin comme exécuteur testamentaire. Le critique est loin de se douter de l'immense tâche qui lui incombera à la mort du peintre, dont le testament réserve bien des surprises. Turner a en effet prévu de léguer la totalité de ses œuvres à l'État britannique et, alors qu'il passait pour un avare de son vivant, de réserver sa maigre fortune à la création d'une fondation d'aide aux artistes démunis – un projet qui ne verra malheureusement pas le jour.

Aussi, un an après la mort de l'artiste, en 1851, quand il passe la porte de la maison de Queen Ann Street, le père de Ruskin découvre-t-il une quantité astronomique d'huiles, de dessins, d'aquarelles et de gravures, pour la plupart encore inconnues. L'homme est si stupéfait qu'il écrit à son fils : « Rien depuis Pompéi ne m'a autant impressionné que l'intérieur de cette maison » (WILTON (Andrew), *Turner*, Paris, Imprimerie nationale, 2006, p. 222) Le travail d'inventaire est énorme. L'ensemble des œuvres de Turner – 300 peintures à l'huile, 37 000 dessins et aquarelles dont 300 carnets de croquis – entre définitivement à la National Gallery en 1856. La majeure partie du legs de Turner est aujourd'hui conservée à la Tate Britain.

laissés par Turner, les deux hommes auraient décidé de les brûler dans le but de préserver la mémoire de l'artiste défunt. Les faits auraient eu lieu en décembre 1858. Mais en 2003, Ian Warrell, conservateur à la Tate Britain, découvre dans les réserves du musée un ensemble de dessins érotiques réalisés par Turner, soigneusement emballés dans un papier portant une annotation de la main de Ruskin : « Gardé uniquement comme preuve d'un esprit égaré. » Pour Warrell, cette étonnante découverte prouve que les dessins ne furent pas détruits. Ruskin aurait délibérément menti pour se protéger, lui et son présumé complice, de la censure touchant les images obscènes à l'époque.

CARACTÉRISTIQUES

UN ARTISTE AUX MULTIPLES TALENTS

Dessin, peinture, gravure, Turner excelle dans plusieurs disciplines. Sa formation d'architecte et de topographe a fait de lui un dessinateur hors pair. Quant à la peinture, c'est avec l'aquarelle qu'il trouve ses marques, en développant une technique originale : au lieu de mélanger ses couleurs sur sa palette, il les utilise pures en commençant par les plus claires pour finir par les plus foncées. Placées au premier plan, les touches sombres renforcent la perspective. Par un subtil jeu d'ombre et de lumière, l'artiste obtient ainsi un large éventail de nuances. La recherche de mouvement est un autre moteur de son art. Turner utilise de petites touches épaisses qui trahissent la matérialité de la peinture à l'huile. À ses yeux, peindre est une expérience réellement physique : se tenant à quelques centimètres à peine de sa toile, il semble peindre avec le nez et les yeux autant qu'avec sa main.

La gravure représente une part importante de sa production. Sa dextérité dans cet art dit mineur se retrouve dans un ensemble appelé le *Liber Studiorum*, une série de gravures publiées entre 1807 et 1809. L'originalité de ce travail réside dans le recours à la technique du *mezzotinto* ou « manière noire », une méthode de gravure en taille-douce choisie pour sa capacité à obtenir plusieurs niveaux de gris.

DES TITRES À RALLONGE

L'artiste donne à ses œuvres des titres parfois très longs, par exemple Le Déclin de l'Empire carthaginois – Rome déterminée à détruire son rival détesté, exige d'eux de telles conditions ; que leur puissance leur soit une force pour la guerre ou qu'ils soient ruinés par la soumission : les Carthaginois affaiblis, dans leur désir de paix,

UN COMPÉTITEUR NÉ

Conscient de son talent, Turner sait comment l'exploiter auprès du public et de ses contemporains. Renvoyant l'image d'un homme sûr de lui, parfois même hautain, il ne peut concevoir son existence d'artiste que dans la confrontation avec l'autre.

Pendant ses années de formation, c'est la découverte des maîtres italiens, hollandais et français tels que Raphaël (1483-1520), Titien (vers 1488-1576), Rembrandt (1606-1669) et Canaletto, mais plus encore Nicolas Poussin (1594-1665) et Claude Lorrain (1600-1682), qui l'incite à se surpasser. Ces deux célèbres représentants du classicisme français exercent une grande influence sur l'artiste tout au long de sa vie. Éternel insatisfait, Turner porte très tôt un regard exigeant sur son travail. Quand il voit pour la première fois le tableau du Lorrain représentant *L'Embarquement de la reine de Saba* (1648), il fond en larmes devant ce chef-d'œuvre, convaincu qu'il ne pourra jamais rivaliser avec le maître français. Ce n'est donc pas anodin s'il exige, dans son testament, que sa toile *Didon construisant Carthage* (1815) soit accrochée à la National Gallery entre ce tableau et une autre toile du Lorrain, *Le Mariage d'Isaac et de Rebecca* (1648).

Turner se plaît ainsi à se comparer aux anciens, mais aussi à ses amis peintres. En 1832, le célèbre paysagiste et principal rival de l'artiste,

John Constable (1776-1837), expose un tableau intitulé *L'Inauguration du pont de Waterloo*. Accrochée aux côtés de cette magnifique toile faite « d'or et d'argent liquides » (selon les termes de Charles Robert Leslie qui rapporte l'anecdote), la marine de Turner (*Helvoetsluys – La Ville d'Utrecht, 64, prenant la mer*) semble bien triste avec ses tons gris et sa luminosité feutrée. Après avoir longuement observé le travail de son collègue, Turner va chercher sa palette et ajoute un « barbouillage rouge de la taille d'une pièce de shilling » sur sa mer avant de repartir sans un mot. L'intensité dégagée par cette toute petite tache de couleur est telle qu'elle fait instantanément paraître terne le tableau de Constable qui s'exclame à Leslie : « Il est entré et c'est comme s'il m'avait tiré un coup de feu. » (Leslie (Charles Robert), *Autographical Recollections*, Boston, Ticknor and Fields, 1860, p. 135) Turner reviendra quelques jours plus tard achever son œuvre en transformant sa tache en bouée.

Son esprit de compétition l'incite à sans cesse repousser les limites de son art. Turner apprécie de se confronter au regard du public. Aussi n'hésite-t-il pas à présenter, à la Royal Academy ou à la British Institution, de simples ébauches à peine esquissées qu'il s'amuse à étoffer sous les yeux ébahis des spectateurs.

RÉINVENTER LE PAYSAGE

Toute l'existence de Turner tourne autour du paysage. À ses débuts, il gagne sa vie en dessinant des rendus topographiques pour des guides de voyages. Puis il se perfectionne en copiant les paysages du dessinateur et aquarelliste John Robert Cozens (1752-1797). Au cours de ses nombreux voyages, Turner noircit des milliers de carnets de croquis. Vif et rapide, son œil aiguisé enregistre chaque détail. Preuve de cet attachement à la nature, l'artiste prend soin de donner à ses œuvres un titre évocateur qui décrit précisément la scène représentée (date, lieu, conditions météorologiques) : *Messieurs les voyageurs à leur retour d'Italie (par la diligence), pris dans une tempête de neige sur le mont Tarare, le 22 janvier 1829.* Mais en plus d'en faire son thème privilégié, le peintre réserve au paysage un grand destin.

Jusqu'à la fin du XVIIIe siècle, la peinture de paysage est considérée comme un genre mineur – elle se situe en quatrième position dans la hiérarchie des genres, derrière la peinture d'histoire, le portrait et la peinture de genre, et avant la nature morte. Bercé par les théories romantiques et l'idée du sublime, Turner devient l'un des principaux ambassadeurs de ce genre pictural. Aux côtés d'autres paysagistes anglais, tels que John Constable ou John Martin (1789-1854), il ose défier la tradition en attribuant au paysage l'importance et les dimensions des tableaux d'histoire. Ses scènes de tempêtes célèbrent avec passion la nature, et ses rares sujets historiques et littéraires ne sont que des prétextes pour dépeindre la puissance d'une nature souveraine. Turner est fasciné par les phénomènes naturels et les effets atmosphériques (lever et coucher du soleil, tempête, violence des vagues, brouillard, pluie, neige, etc.), qu'il cherche sans cesse à recréer sur la toile. Proclamé « peintre de la lumière, de l'air et de l'espace » par son ami Leslie, Turner apporte enfin au paysage ses lettres de noblesse. Ses tableaux s'inscrivent à la fois dans la tradition française et hollandaise du XVIIe siècle et dans une vision moderne. Ainsi, dans son œuvre, les vestiges du passé côtoient les cheminées fumantes des usines à peine sorties de terre.

LE PEINTRE DE LA LUMIÈRE

La grande innovation de l'artiste réside dans son utilisation de la lumière. Chacun de ses tableaux est plongé dans un voile doré et la lumière semble irradier de l'intérieur. Celle-ci revêt chez Turner un caractère métaphorique et symbolique : d'une part, elle proclame la puissance du soleil ; d'autre part, elle fait écho à la théorie des couleurs de l'homme de lettres allemand Goethe (1749-1835), qui leur prête une dimension symbolique. Pour ce dernier, les tons froids sont associés à des valeurs négatives et pessimistes, et les tons chauds, à des valeurs positives et optimistes. Le jaune, synonyme de vie et de force, est une couleur noble et rassurante dont le pouvoir fascine Turner. Mais cette attraction est mal comprise par ses contemporains, et la critique se moque régulièrement de sa fâcheuse tendance à mettre des tons ocre partout dans ses tableaux.

On l'accuse aussi de surcharger ses toiles de peinture : « Ce gentleman avait l'habitude de peindre avec de la crème et du chocolat, du jaune d'œuf et de la gelée de cassis... Ici, il offre toute sa batterie d'ustensiles de cuisine. » (WAT (Pierre), *Turner, menteur magnifique*, Paris, Hazan, 2010, p. 28) Nombre de ses tableaux sont ainsi perçus comme un amas de matière illisible et brouillon. John Ruskin compte parmi ses premiers défenseurs et collectionneurs : son fameux traité sur l'art du paysage, *Modern Painters* (paru entre 1843 et 1860), est un hommage à la gloire de l'artiste.

TEMPÊTE DE NEIGE : HANNIBAL ET SON ARMÉE TRAVERSANT LES ALPES

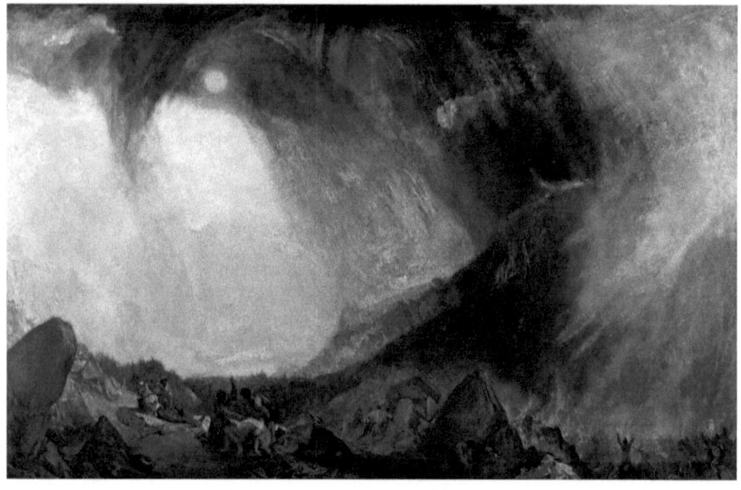

Tempête de neige : Hannibal et son armée traversant les Alpes, 1812, huile sur toile, 146 x 237,5 cm, Londres, Tate Britain

Exposé à la Royal Academy en 1812, ce tableau représente la traversée des Alpes par l'armée du général carthaginois Hannibal (IIIe siècle av. J.-C.), qui s'apprête à conquérir l'Italie. Thème iconographique traditionnel de l'histoire de l'art, cet épisode revêt au XIXe siècle une symbolique particulière : il est en effet utilisé comme métaphore napoléoniénne. Plusieurs artistes récupèrent ce motif pour représenter Napoléon Bonaparte (1769-1821) franchissant le col du Grand-Saint-Bernard lors de la deuxième campagne d'Italie, sur les pas du général carthaginois.

Dans cette toile, Turner s'éloigne considérablement de l'exaltation héroïque du personnage mythique, en montrant son armée, surprise par une terrible tempête de neige, impuissante devant les forces de la nature. Bien que mentionné dans le titre du tableau, Hannibal n'est pas représenté dans cette scène qui se concentre sur la détresse des soldats luttant contre les éléments.

L'œuvre est une illustration parfaite de la notion de sublime en peinture, qui fait de l'homme le pantin d'une nature hostile et malveillante. Le paysage menaçant, emprisonné par une large bande de couleur grise dévorant le ciel agité, occupe les deux tiers de la composition. En réalité, le destin d'Hannibal importe peu à Turner : le sujet est ici parfaitement anecdotique. L'artiste aurait pu tout aussi bien décrire un passage du *Déluge*. Par cette démonstration grandiloquente, Turner réalise un véritable tour de force pictural afin d'assoir sa suprématie dans la peinture de paysage.

L'INCENDIE DE LA CHAMBRE DES LORDS ET DES COMMUNES

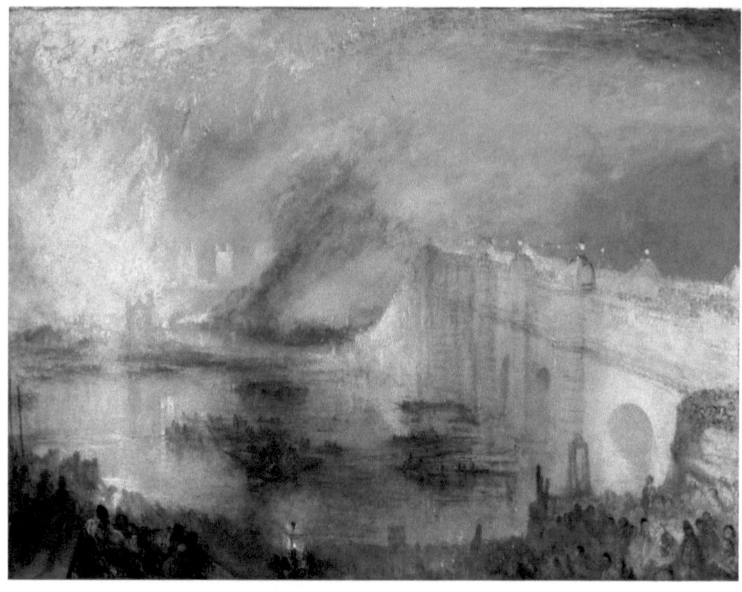

L'Incendie de la chambre des Lords et des Communes, le 16 octobre 1834, 1835, huile sur toile, 92 x 123 cm, Philadelphie, Philadelphia Museum of Art.

Ce tableau fait référence à l'incendie qui ravagea le palais de Westminster – aussi appelé chambres du Parlement –, contenant la chambre des Lords et celle des Communes, la nuit du 16 octobre 1834. Turner fait partie des nombreux témoins de la catastrophe. Subjugué par ce spectacle d'étincelles et de jeux de lumière, l'artiste immortalise l'instant en griffonnant plusieurs croquis de l'incendie. Il s'appuie ensuite sur ses esquisses pour reconstituer l'événement dans plusieurs aquarelles et deux peintures à l'huile, dont l'une est conservée au Philadelphia Museum of Art et l'autre au Cleveland Museum of Art.

Présenté à la British Institution en février 1835, le tableau de Philadelphie montre l'incendie vu depuis l'autre côté de la Tamise, près du pont de Westminster, que l'on aperçoit à gauche de la composition. Turner est, là encore, dans une surenchère d'effets visuels. Dans cette scène apocalyptique, le quartier de Westminster semble disparaître tout entier dans le fleuve. Les flammes illuminent avec rage les deux tours de l'abbaye de Westminster, survivante du désastre.

L'artiste s'est éloigné de sa formation d'architecte pour nous livrer sa propre vision du drame. Son œil de topographe, si bien exercé au réalisme des lieux, n'a pas respecté les proportions des bâtiments, comme c'est le cas du pont de Westminster, qui apparaît bien trop haut et massif par rapport à la réalité. Mais le contraste opposant cette grande masse blanche qui surgit de la nuit, à gauche, à la puissance chromatique des tons ocre du feu, à droite, ne fait que renforcer la dimension dramatique de l'événement. Turner a organisé sa composition comme une scène de théâtre, transformant les témoins du premier plan en spectateurs de tragédie grecque.

LE SAVIEZ-VOUS ?

Comptant parmi les principales attractions touristiques londoniennes, le palais de Westminster, dont la construction remonte au XIe siècle, fut presque entièrement détruit la nuit du 16 octobre 1834. Il fut reconstruit quelques années plus tard dans un style néogothique par l'architecte Sir Charles Barry (1795-1860), qui créa à cette occasion la tour de l'horloge, laquelle abrite la célèbre cloche surnommée Big Ben. En 2012, à l'occasion du jubilé de diamant célébrant les 60 ans de règne de la reine Elizabeth II (née en 1926), la tour a été renommée du nom de la souveraine britannique.

TEMPÊTE DE NEIGE

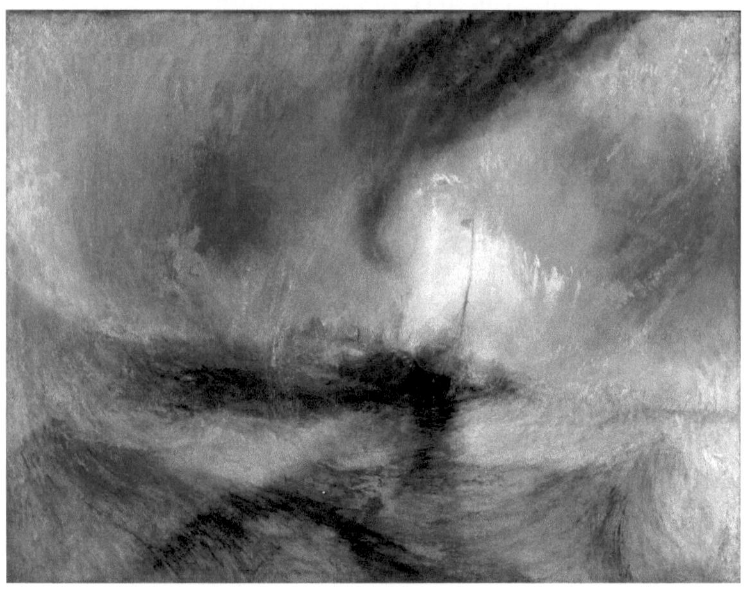

Tempête de neige, 1842, huile sur toile, 91,4 x 121,9 cm, Londres, Tate Gallery

Turner a doté cette grande toile d'un très long titre : *Tempête de neige – Vapeur au large d'un port faisant des signaux, en eau peu profonde, et se faisant guider*. En réalité, l'artiste se trouvait à bord de ce navire, l'Ariel, quand la tempête de neige est survenue, la nuit où il venait de quitter Harwich. Alors qu'il n'avait été qu'un spectateur passif devant l'incendie de Westminster, le voilà au cœur de l'action, attaché au mât du navire. En effet, Turner raconte qu'il demanda aux marins de l'attacher afin de pouvoir profiter pleinement du spectacle. Il serait resté dans cette position durant quatre heures, se jurant de raconter cette anecdote s'il parvenait à réchapper de la tempête. Mythe ou réalité, cette histoire démontre une nouvelle fois la nécessité pour le peintre de vivre l'expérience de l'intérieur, afin de recréer sur la toile le souvenir d'un sentiment vécu.

Jugée illisible, l'œuvre s'attire le scepticisme des critiques de l'époque :
« Où est le bateau à vapeur ? Où commence et finit le port ? Quels
sont les signaux et qui est l'auteur sur l'Ariel ? Tout cela, malheureusement, ne peut pas être déterminé. » (WAT (Pierre), *Turner,
menteur magnifique*, Paris, Hazan, 2010, p. 28) Pour ses contemporains, l'ensemble de la toile apparaît brouillon et pâteux. Mais c'est
bien dans cette confusion énergique que réside toute sa modernité.
Emporté par le déchaînement violent de la nature, le navire sombre
au loin dans un tourbillon infernal qui dirige le regard du spectateur
dans « l'œil du cyclone », au centre de la composition. Sombre et
épique, la marine de Turner est sans doute l'une des plus belles
représentations picturales de tempête en mer.

PLUIE, VAPEUR ET VITESSE – LE GREAT WESTERN RAILWAY

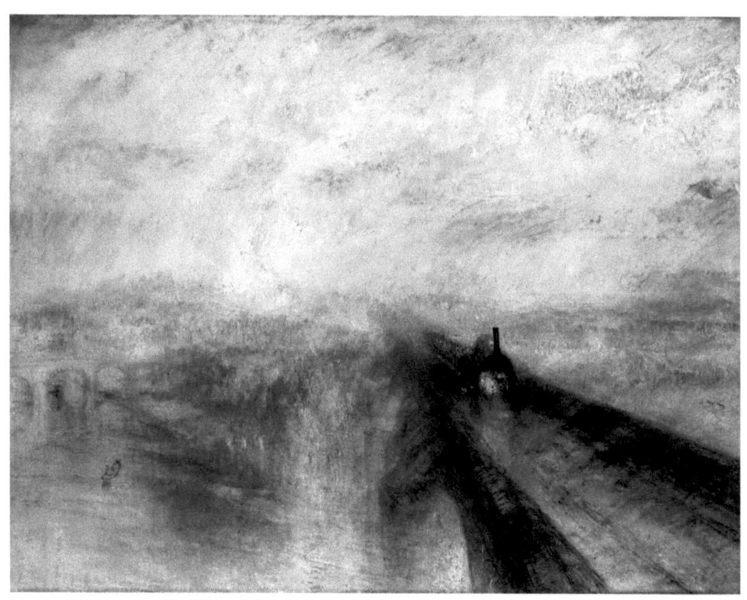

Pluie, vapeur et vitesse – Le Great Western Railway, 1844, huile sur toile,
91 x 122 cm, Londres, National Gallery.

Composée deux ans après l'épisode de l'Ariel, cette toile, mondiale-
ment connue comme l'œuvre la plus emblématique de l'art de Turner,
met à nouveau en avant les éléments naturels. Le vent, la pluie et
la vapeur se mêlent intimement dans une composition rythmée par
l'arrivée rapide d'une locomotive sur la droite. Le sujet est moderne,
tout comme la manière de le peindre, à la limite de l'abstraction.
Turner s'intéresse ici, comme le feront certains impressionnistes français quelques années plus tard, aux répercussions de la révolution
industrielle sur le paysage urbain. Inauguré en 1839, le viaduc de
Maidenhead représenté sur le tableau facilite les trajets Londres-
Bristol par la Great Western Railway. La toile témoigne de cette
prouesse architecturale et de sa marque indélébile sur le paysage.

Mais cette peinture partage plus d'un point commun avec la *Tempête
de neige*. Elle serait également le témoignage d'un épisode vécu par
l'artiste à l'intérieur du train. Pendant un orage, alors que la locomotive était en marche, Turner aurait sorti la tête par la fenêtre
du compartiment pour éprouver la sensation de vitesse. Dans une
démarche résolument moderne, c'est cette expérience fugace que
l'artiste a voulu dépeindre.

Plus qu'une simple illustration des modifications opérées par un
siècle de révolution industrielle, cette toile est un concentré de l'art
de Turner, comme le résume parfaitement le critique d'art Théophile
Gautier (1811-1872) :

> Éclairs palpitants, des ailes comme des grands oiseaux de feu, Babels
> de nuages s'écroulant sous les coups de foudre, tourbillons de pluie
> vaporisée par le vent : on eut dit le décor de la fin du monde. À travers
> tout cela se tordait, comme la bête de l'Apocalypse, la locomotive,
> ouvrant ses yeux de verre rouge dans les ténèbres et traînant après
> elle, en queue immense, ses vertèbres de wagons. C'était sans doute
> une pochade d'une furie enragée, brouillant le ciel et la terre d'un

coup de brosse, une véritable extravagance faite par un fou de génie. (GAUTIER (Théophile), *Histoire du romantisme*, Paris, Charpentier et Cie, 1874, p. 371)

À L'APPROCHE DE VENISE

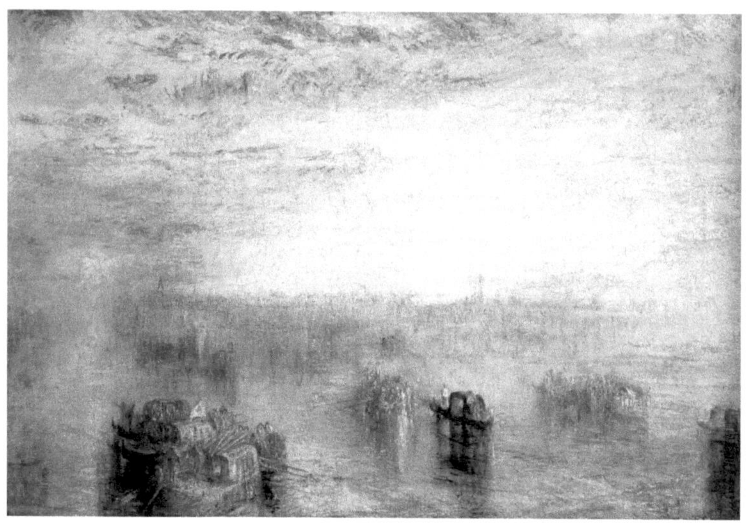

À l'approche de Venise, 1844, huile sur toile, 62 × 94 cm, Washington, National Gallery of Art.

C'est le portrait d'un Turner voyageur qui se dessine dans cette vue de Venise, au petit matin, plongée dans une brume dorée où ciel et mer se confondent. Quatre ans après son dernier séjour à Venise, l'artiste choisit de représenter son arrivée dans la ville. L'effervescence du moment est palpable. Turner invite le spectateur à prendre place à bord de sa gondole. Car c'est bien l'excitation du voyage et la découverte de l'ailleurs qui sont au cœur de la toile. On s'imagine le tourbillon de sensations éprouvées par les touristes anglais qui découvrent pour la première fois cette ville-île surgie de l'eau.

Au XIXe siècle, Venise est la destination privilégiée des Britanniques, attirés par la magie du lieu, ses canaux sinueux, ses amours secrètes, ses intrigues politiques et sa situation stratégique entre Orient et Occident. Une des pratiques courantes de l'époque consiste à se rendre au milieu de la lagune pour y contempler l'union du ciel et de la mer.

Dans le tableau de Turner, la Sérénissime se devine au loin par quelques détails à peine esquissés : le campanile de la place Saint-Marc, que l'on aperçoit à droite, et le dôme de la basilique de Santa Maria della Salute, dans le quartier du Dorsoduro, à gauche. Les gondoles du premier plan sont les seuls éléments qui nous permettent d'identifier le sujet représenté. Pour donner sa luminosité au tableau, le peintre joue avec la matière en créant, çà et là, de petits empâtements de couleur rehaussés de teintes claires. Ces pointes de lumière éclairent la composition en lui donnant un aspect irréel, presque féérique, cher à l'artiste.

WILLIAM TURNER, UNE SOURCE D'INSPIRATION

LE PÈRE DES IMPRESSIONNISTES

« Turner naquit académicien et mourut impressionniste », écrit Émile Verhaeren (1855-1916) dans un article pour la revue *L'Art moderne*, en 1885. Cette citation résume à merveille l'art de Turner, à la charnière entre tradition et modernité. Le poète belge est aussi l'un des premiers à qualifier le peintre anglais d'« impressionniste », une épithète qui ne le quittera plus jamais.

À la fin du XIXe siècle et au début du XXe siècle, de nombreux artistes voient en effet en Turner le précurseur de l'impressionnisme. Les peintres français font le voyage à Londres pour voir les œuvres de celui qui, bien avant Camille Pissarro (1830-1903), Claude Monet (1840-1926) ou Pierre-Auguste Renoir (1841-1919), a donné à la lumière une importance sans précédent. Dans une lettre à Raymond Escholier, Henri Matisse (1869-1954) écrit à son retour de Londres en 1898 : « J'ai fait le voyage spécialement pour voir les Turner. Il me semblait que Turner devait être le passage entre la tradition et l'impressionnisme. J'ai trouvé, en effet, une grande parenté de construction par la couleur dans les aquarelles de Turner et les tableaux de Claude Monet. » (MATISSE (Henri), *Écrits et propos sur l'art*, Paris, Hermann, 1972, p. 124)

Il est vrai que le peintre anglais partage un grand nombre de points communs avec les impressionnistes français : intérêt pour la lumière et son impact sur le paysage, goût pour les motifs éphémères et changeants (reflets de l'eau, fumée de cheminée, nuages, etc.), nouveaux sujets liés à la transformation du paysage urbain (gare, bateau à vapeur). Toutefois, si les artistes français se rendent en Angleterre afin d'admirer ses peintures, il est faux d'affirmer que son art a directement influencé les impressionnistes. En réalité, la découverte de sa peinture légitime leur démarche artistique.

Surnommé le « Turner français », Monet séjourne pour la première fois dans la capitale anglaise en compagnie de Pissarro en 1870. Les deux hommes sont frappés par les aquarelles du maître et trouvent dans ses tableaux un écho à leurs propres œuvres. Monet réalise quelques vues de Londres, qu'il reprendra une vingtaine d'années plus tard dans une série consacrée à la Tamise. Dans *La Tamise à Westminster* (vers 1871), l'artiste français dépeint Londres enveloppée dans ce brouillard caractéristique que les Anglais appellent *fog* et qui envahit la totalité de l'espace. On entrevoit au loin le pont de Westminster et le Parlement reconstruit, coiffé de sa cloche, Big Ben. Monet a choisi de faire ressortir la jetée et le ponton au premier plan, par une teinte d'un brun foncé qui tranche avec les tons clairs du reste du tableau. La même emphase est portée sur les deux bateaux à vapeur qui barrent l'horizon sur la gauche.

Dans *Londres, le Parlement. Trouée de soleil dans le brouillard* (1904), une œuvre plus tardive, l'accent est également mis sur l'impact du brouillard sur le paysage, empêchant une vue dégagée sur le Parlement anglais. Mais ici, Monet fait presque entièrement disparaître le bâtiment dans une multitude de tons bleus et violets. On ne distingue même plus le pont de Westminster, seule la tour Victoria réussit à s'imposer au milieu de ce magma coloré. En contrepartie, l'artiste a donné une importance toute particulière à la lumière. Par un magnifique jeu de miroir, le soleil illumine la Tamise de tons orangés. À l'instar de Turner un demi-siècle avant lui, Monet a peint l'eau et le ciel dans une unité chromatique, renforçant la féérie de la scène. La grande silhouette gothique du palais de Westminster apparaît alors comme un spectre surgi de la nuit.

FÉLIX ZIEM SUR LES TRACES DE TURNER

Artiste français du XIXᵉ siècle, Félix Ziem (1821-1911) est également souvent considéré comme l'un des précurseurs de l'impressionnisme. Grand voyageur, il est surtout connu pour ses tableaux d'inspiration orientale, ses marines et ses somptueuses vues de la Méditerranée. Sa peinture, lumineuse et poétique, porte elle aussi les traces de l'influence de Turner, qu'il admire beaucoup.

Dans *Le Port de Marseille au coucher du soleil* (1890-1895), on constate en effet de nombreuses analogies avec les toiles de l'artiste anglais. Outre l'atmosphère vaporeuse qui se dégage de l'impression générale du tableau, Ziem peint un thème cher à Turner, à savoir une vue de la mer au coucher du soleil dans laquelle cohabitent histoire ancienne et moderne. Au splendide trois-mâts qui transperce le ciel de la plus vieille ville de France sur la droite, il oppose un petit bateau à vapeur sur la gauche, signe de l'industrialisation croissante de la cité phocéenne dans la deuxième partie du XIXᵉ siècle. Quelques détails trahissent l'endroit représenté : la tour du fort Saint-Jean se détache timidement dans la partie centrale du tableau et le clocher de l'église des Augustins pointe à travers les différents mâts des navires sur la gauche.

Surnommé « le peintre de Venise », Ziem partage la même passion que Turner pour la cité vénitienne. Sa toile *Vue de Venise, le grand canal* (1880-1890) trahit plus encore que la précédente sa dette envers le peintre anglais. Le regard du spectateur est frappé par la façon dont l'artiste français traite son sujet, avec autant de fougue dans l'exécution et d'importance accordée aux éléments naturels. Ici encore, les bâtiments semblent s'écraser sous la voûte immense d'un ciel qui envahit les trois quarts de la composition. Il y a sans aucun doute quelque chose de Turner dans la façon poétique dont Ziem s'empare de son sujet.

TURNER, AMBASSADEUR DE LA MODERNITÉ

Incompris de son vivant, Turner devient, peu après sa mort, le peintre de la modernité pour les décennies à venir. Des impressionnistes à Mark Rothko (1903-1970), en passant par Matisse, il incarne la liberté en peinture. Sa principale contribution à l'histoire de l'art consiste à avoir su s'affranchir de la réalité pour ne plus se contenter de copier strictement la nature. La matérialité de sa peinture, que les critiques lui reprochèrent souvent, est célébrée par tous les artistes du XXe siècle. Turner est l'un des premiers à laisser visibles les coups de pinceau et à créer ainsi un certain relief sur la toile. Une telle chose était impensable auparavant, le tableau ne devant être qu'une surface plane où la matière s'efface au profit du sujet. L'influence de Turner sur la peinture contemporaine se ressent jusque dans l'art abstrait, où certains artistes, notamment l'Américain Mark Rothko, l'un des plus grands maîtres de la couleur au XXe siècle, ne cachent pas le rôle majeur du peintre anglais dans leurs recherches artistiques.

Aujourd'hui encore, la vision d'un Turner ambassadeur de la modernité est toujours d'actualité. Créé par la Tate en 1984, le très prestigieux prix Turner récompense chaque année la production d'un artiste contemporain vivant. Parmi les illustres gagnants, citons Tony Cragg (1988), Anish Kapoor (1991), Damien Hirst (1995) Richard Wright (2009) et Elizabeth Price (2012). Le Royal Institute of Painters in Water Colours de Londres a également mis en place, depuis 2004, un prix en l'honneur de Turner, le Turner Watercolour Award, sponsorisé par Winsor & Newton, une marque de matériel artistique.

EN RÉSUMÉ

- William Turner, né en 1775, est le peintre le plus célèbre d'Angleterre. C'est aussi le plus mystérieux : sa vie entière est parsemée de secrets et d'intrigues, à commencer par la date réelle de sa naissance.

- Bien que très attaché à son île natale, l'artiste est un grand voyageur. Il rapporte un nombre impressionnant de croquis et de notes de ses nombreux séjours à l'étranger (France, Suisse, Italie, Allemagne, Danemark). Venise, notamment, dont la lumière dansant à la surface de l'eau fascine Turner, l'inspire pour de nombreuses toiles dont *À l'approche de Venise* (1844).

- Peintre, dessinateur et graveur, Turner maîtrise avec le même talent toutes ces disciplines artistiques. Mais sa spécialité est le paysage, auquel il rend ses lettres de noblesse en l'élevant au rang de genre majeur.

- Influencé par les théories romantiques et l'idée de sublime, il dépeint dans ses œuvres une nature souveraine souvent déchaînée – tempêtes, brouillard, neige, ou encore violence des vagues.

- Surnommé « le peintre de la lumière », Turner est fasciné par la couleur jaune. Lumineuses et féériques, ses peintures, nimbées d'un voile doré, semblent irradier de l'intérieur.

- À la fin du XIXᵉ siècle, il est considéré, en raison de l'importance sans précédent qu'il accorde à la lumière, comme l'un des précurseurs de l'impressionnisme. Nombreux sont les artistes français à faire le voyage jusqu'à Londres pour admirer ses œuvres. Peint en 1844, son tableau *Pluie, vapeur et vitesse* est souvent présenté comme l'une des toutes premières œuvres impressionnistes. Mais, à côté de ce groupe d'artistes, Turner a également inspiré de nombreux autres peintres jusqu'à nos jours, dont Félix Ziem et Mark Rothko.

POUR ALLER PLUS LOIN

SOURCES BIBLIOGRAPHIQUES

- CREPALDI (Gabriele), *William Turner, Constable et les romantiques anglais*, traduit de l'italien par Denis-Armand Canal, Paris, La Martinière, 2000.
- DE GONCOURT (Edmond), *Journal*, Paris, Robert Laffont, 1989.
- FAUCON (Térésa) et SAUSSET (Damien), *L'ABCdaire de Turner*, Paris, Flammarion, 2004.
- GAUTIER (Théophile), *Histoire du romantisme*, Paris, Charpentier et Cie, 1874.
- GOWING (Lawrence), *Turner : peindre le rien*, Paris, Macula, 1994.
- HUMPHREYS (Richard), *Tate Britain Companion to British Art*, Londres, Tate Publishing, 2007.
- LANGMUIR (Erika), *The National Gallery. Le guide*, Londres, National Gallery Company Limited, 2006.
- LESLIE (Charles Robert), *Autographical Recollections*, Boston, Ticknor and Fields, 1860.
- MATISSE (Henri), *Écrits et Propos sur l'art*, édition établie par Dominique Fourcade, Paris, Hermann, 1972.
- RUSKIN (John), *The Works of John Ruskin*, Londres, George Allen, 1903-1912.
- SHANES (Éric), *La Vie et les Chefs d'œuvre de J.M.W. Turner*, New York, Parkstone, 2008.
- TURNER (Joseph Mallord William), *Turner, Whistler Monet*, catalogue d'exposition (Paris, galeries nationales du Grand Palais, 11 octobre 2004-17 janvier 2005 ; Londres, Tate Britain, 10 février-15 mai 2005), Paris, RMN, 2005.
- TURNER (Joseph Mallord William), *Turner et ses Peintres*, catalogue d'exposition (Paris, galeries nationales du Grand Palais, 24 février-24 mai 2010), Paris, RMN, 2010.

- VERHAEREN (Émile), « Écrits sur l'art. L'impressionniste Turner » in *L'Art moderne*, 20 septembre 1885.
- WARREL (Ian) (dir.), *J.M.W. Turner*, Londres, Tate Publishing, 2008.
- WARREL (Ian), *Turner's Secret Sketches*, Londres, Tate Publishing, 2012.
- WAT (Pierre), *Turner, menteur magnifique*, Paris, Hazan, 2010.
- WILTON (Andrew), *J.M.W. Turner : vie et œuvre*, Paris, Éditions Vilo, 1984.
- WILTON (Andrew), *Turner*, Paris, Imprimerie nationale, 2006.
- ZANETTA (Julien), « Turner, la couleur du mensonge » in *Critique*, n° 766, Paris, Éditions de Minuit, mars 2011.

SOURCES ICONOGRAPHIQUES

- TURNER (J.M.W.), *À l'approche de Venise*, 1844, huile sur toile, 62 x 94 cm, Washington, National Gallery of Art. La photo reproduite est réputée libre de droits.
- TURNER (J.M.W.), *L'Incendie de la chambre des Lords et des Communes, le 16 octobre 1834*, 1835, huile sur toile, 92 x 123 cm, Philadelphie, Philadelphia Museum of Art. La photo reproduite est réputée libre de droits.
- TURNER (J.M.W.), *Pêcheurs en mer*, 1796, huile sur toile, 91,4 x 122 cm, Londres, Tate Gallery. La photo reproduite est réputée libre de droits.
- TURNER (J.M.W.), *Pluie, vapeur et vitesse – Le Great Western Railway*, 1844, huile sur toile, 91 x 122 cm, Londres, National Gallery. La photo reproduite est réputée libre de droits.
- TURNER (J.M.W.), *Tempête de neige*, 1842, huile sur toile, 91,4 x 121,9 cm, Londres, Tate Gallery. La photo reproduite est réputée libre de droits.
- TURNER (J.M.W.), *Tempête de neige : Hannibal et son armée traversant les Alpes*, 1812, huile sur toile, 146 x 237,5 cm, Londres, Tate Britain. La photo reproduite est réputée libre de droits.

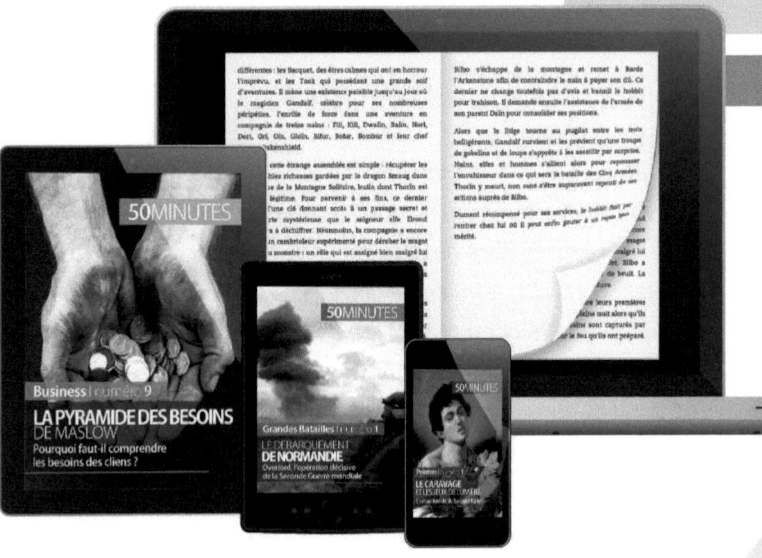

50MINUTES
Art
Business
Histoire
Business | numéro 9
LA PYRAMIDE DES BESOINS
DE MASLOW
Pourquoi faut-il comprendre
les besoins des cliens ?
Grandes Batailles | numéro 1
LE DÉBARQUEMENT
DE NORMANDIE
Overlord, l'opération décisive
de la Seconde Guerre mondiale
50MINUTES
LE CARAVAGE
ET LES JEUX DE LUMIÈRE

www.50minutes.com

Éditeur responsable : Lemaitre Publishing
Rue Lemaitre 4 | BE-5000 Namur
info@lemaitre-editions.com

ISBN ebook : 978-2-8062-5836-6
ISBN papier : 978-2-8062-5837-3
Dépôt légal : D/2014/12603-187
Photo de couverture : © *Pêcheurs en mer*, 1796, par William Turner.

Conception numérique : Primento,
le partenaire numérique des éditeurs